Heribert Haberhausen
Das glaubt uns keiner

Heribert Haberhausen

Das glaubt uns keiner

Kurze Krippenspiele

Mit einem Vorwort von Willi Hoffsümmer

Schwabenverlag

VERLAGSGRUPPE PATMOS

PATMOS
ESCHBACH
GRÜNEWALD
THORBECKE
SCHWABEN
VER SACRUM

Die Verlagsgruppe
mit Sinn für das Leben

MIX
Papier aus verantwortungsvollen Quellen
FSC
www.fsc.org
FSC® C083411

Klimaneutral
Druckprodukt
ClimatePartner.com/14549-2003-1001

Für die Verlagsgruppe Patmos ist Nachhaltigkeit ein wichtiger Maßstab ihres Handelns. Wir achten daher auf den Einsatz umweltschonender Ressourcen und Materialien.

Verlagsgruppe Patmos in der Schwabenverlag AG, Ostfildern
www.schwabenverlag-online.de

Mitarbeit: Dagmar Daidok
Umschlaggestaltung: Finken & Bumiller
Umschlagabbildung: Harald Oppitz / KNA

Satz: Schwabenverlag AG, Ostfildern
Druck: CPI books GmbH, Leck
Hergestellt in Deutschland
ISBN 978-3-7966-1816-1

Die Botschaft von Weihnachten:
Es gibt keine größere Kraft als die Liebe.
Sie überwindet den Hass
wie das Licht die Finsternis.

Martin Luther King

Inhalt

Ein Wort zuvor (Willi Hoffsümmer) 9

Ratschläge aus Erfahrung 10

Das glaubt uns keiner 13
Nicht aufgenommen 18
Es liegt an mir 23
Das gestohlene Weihnachtsfest 27
Angeklagt 33
Für ihn ist er geboren 37
Gott kommt zu uns 41
Gottes Geist in unserer Mitte 47
Herbergssuche 51
Jesus – mein Bruder 59

Beginn eines Weihnachtsgottesdienstes 63

Ein Wort zuvor

An Weihnachten ist in der Kirche noch immer Hochsaison. Fast alle Gemeinden möchten ein Krippenspiel anbieten oder in die vielen Feiern eine Weihnachtsgeschichte einbauen. Dazu macht Heribert Haberhausen ein reiches Angebot. Die kurzen Krippenspiele werfen Schlaglichter auf die Problematik von damals und heute, wenn junge Paare eine Wohnung suchen oder Geflüchtete eine Bleibe. Ganz einfache Szenen rütteln auf … Da entwenden Diebe das Kind in der Krippe, weil sie das verlogene Weihnachtsfest beseitigen wollen; aber es treten viele auf, die für das Fest und seine Bedeutung Argumente bringen. Da räumen alle in der ersten Reihe ihre Plätze, weil sie neben einem Umweltsünder nicht sitzen wollen. Da bringen Menschen als »Gaben« ihre Entlassungspapiere, ihren schlimmen ärztlichen Befund, ihr vergeigtes Zeugnis und legen sie in die Krippe. Da kommen ausländische Kinder und sprechen Begrüßungsworte in ihrer Sprache, bis zum Schluss ein deutsches Kind erklärt: »Sie alle haben gesagt: Heute ist uns der Retter geboren. Er schenkt uns seine Liebe. Sie sollen wir in die Welt tragen.«

Menschlichkeit ist angesagt – und was wollte Gott mehr sagen, als er uns seinen Sohn schenkte, als: Bleib Mensch, dann wird das Göttliche in dir sichtbar!

Willi Hoffsümmer

Ratschläge aus Erfahrung

Krippenspiele sind ein gern erlebter und freudig begrüßter Bestandteil des weihnachtlichen Kinder- oder Familiengottesdienstes. Diese in der Praxis erprobten Krippenspiele streichen jeweils einen Aspekt der Weihnachtsgeschichte heraus und erzählen ihn in einfacher und klarer Sprache. Sie sind konzipiert als Einführung in die Feier der Weihnacht. Sie sind nicht in erster Linie Theaterstücke, sondern eine besinnliche Hinführung zum Fest.

Es versteht sich von selbst, dass die Aufführung keine professionelle Darbietung sein muss. Lehrerinnen und Lehrer, Pastoral- und Gemeindereferentinnen und -referenten oder Ehrenamtliche, die eines dieser Stücke einüben, sind keine Regisseure, die ihre Schauspieler zur Perfektion antreiben. Es sind Krippenspiele. Die Betonung liegt auf Spiele. Darum sollte beim Proben die Freude im Vordergrund stehen.

Dies gilt besonders für die Geistlichen wie für die Mitglieder des Gemeindeteams. Für sie ist es oft schwer, Kinder zur Mitarbeit zu gewinnen, da diese durch Nachmittagsunterricht, Sport oder Musik häufig »ausgebucht« sind. In der Regel versuchen sie, ihre »Darsteller« aus den Reihen der Messdienerinnen und Messdiener, der Kommunionkinder, der Firmandinnen und Firmanden oder des Nachwuchses der Gemeindemitglieder einzuladen. Sie alle kann man nur gewinnen und bei der Stange halten, wenn das Einüben Spaß macht.

Eine Möglichkeit, die sich bewährt hat, ist, zwei oder drei Familien für eine Aufführung zu gewinnen. An wenigen Nachmittagen kann dann das Stück im Kreis der ganzen Familie eingeübt werden. Auch ein Elternteil oder beide können einen Part übernehmen. Die anderen Familienmitglieder, etwa die Großeltern, sollten ebenfalls durch kleine Aufgaben eingebunden werden. Sie können sich z. B. um die Kulisse oder um die Garderobe kümmern oder den Nachmittag weihnachtlich gestalten.

Apropos Garderobe! Eine einfache Verkleidung ist wichtig. Es reicht ein Stock, ein Hut, ein großer Mantel oder Ähnliches. Kinder lieben es, in andere Rollen zu schlüpfen. Diese Requisiten helfen bei der Identifikation.

Lehrerinnen und Lehrer haben es etwas leichter; sie können im Unterricht das Krippenspiel zu einem Teil des Lehrstoffs machen. Aber auch sie sollten daran denken, dass Spaß und Freude beim Einüben immer im Vordergrund stehen müssen.

Am Ende brauchen alle Darstellerinnen und Darsteller ihre Rollen »nur« zu können. Kleine Fehler sind erlaubt! Aus Erfahrung weiß ich: Auch wenn es bei den Proben manchmal hakt – bei der Aufführung beherrschen alle ihre Rollen. Es klappt immer. Und selbst, wenn nicht: Niemand wird nicht mit einem Lächeln über einen kleinen Fauxpas hinwegsehen, ihn vielleicht sogar sympathisch finden. Denken Sie beim »Einstudieren« daran!

Das aber sollten Sie unbedingt einüben: den Umgang mit dem Mikrofon. Dabei ist auf eine deutliche und langsame Aussprache zu achten. Wer aufgeregt ist, neigt dazu, schnell zu sprechen.

Und noch eines: Die Texte sind nur Vorschläge, nicht in Stein gemeißelte Worte. Wenn Kinder das eine oder andere anders ausdrücken, vielleicht kindgemäßer – nur zu!

Zum Schluss: Die kleinen oder großen Darstellerinnen und Darsteller geben während der Aufführung ihr Bestes. Auch hier gilt: Applaus ist das Brot der Künstler. Auch in der Kirche darf geklatscht werden. Wenn keiner damit beginnt, tun Sie es. Es steckt an!

Dieses Buch widme ich allen Kindern, mit denen ich die Weihnachtsgeschichte, die beste Geschichte aller Zeiten, auf vielfältige Weise proben und aufführen konnte.

Ihr
Heribert Haberhausen

Das glaubt uns keiner

PERSONEN: drei Hirten
Mann
Frau
Pfarrer

ZUM SPIEL: Es ist geeignet für den Anfang eines Weihnachtsgottesdienstes, zumal der Geistliche das Schlusswort hat und zur Feier überleiten kann. Eine Kulisse ist auch nicht erforderlich, denn sie ist das Gotteshaus, geschmückt wie immer in dieser Zeit. Das Stück besteht nur aus einem Akt. Drei Hirten stehen vor der Krippe. Sie drehen sich um und schreiten, sich unterhaltend, durch den Mittelgang der Kirche. Sie tragen Hut und Lodenmantel; zwei haben in ihrer Hand eine Laterne, die anderen beiden einen Hirtenstab.

HINWEISE ZUR INSZENIERUNG: Die Krippe ist Ausgangspunkt des Spiels. Der Mann und die Frau, die auf Randplätzen einer Bank sitzen, sollten so wirken, als seien sie von den Hirten zufällig ausgesucht worden. Da das Licht eine wichtige Rolle spielt, sollten genügend Kerzen bereitgestellt werden. Am Anfang ist das Gotteshaus nur schwach beleuchtet.

Die Hirten gehen von der Krippe langsam durch den Mittelgang.

1. Hirte: Das glaubt uns keiner, wenn wir unseren Mitmenschen erzählen, wir haben den Erlöser, den Retter der Welt, gefunden in einem Stall, nicht einmal in einer bescheidenen Herberge. Er hatte auch kein Bett mit einer Matratze, nur eine Futterkrippe mit Stroh.

2. Hirte: Ärmlicher geht es nicht! Man hält uns für verrückt, wenn wir das berichten. Kein vernünftiger Mensch wird glauben, dass dieses Kind einmal der Retter der Welt sein wird, wie der Engel es uns verkündet hat. Wir warten doch schon so lange auf einen, der uns von der Vormacht der Römer befreien kann. Aber dieser hier wird nie etwas über Kriegsführung oder militärische Strategien lernen. Sein Vater ist ein Zimmermann, der Holz bearbeitet und vielleicht nützliche Dinge herstellt, aber kein Feldherr, der Erfahrungen auf dem Schlachtfeld gesammelt hat, die er seinem Sohn weitergeben kann. Von all dem sagen wir besser nichts, sonst hält man uns wirklich für nicht normal. *(Er schüttelt heftig seinen Kopf, sodass sein Hut herunterfällt. Als er ihn sich wieder aufsetzt, sagt er:)* Das glaubt uns keiner.

3. Hirte: Und seine Mutter ist eine einfache Magd. Sie lernte von ihrer Mutter, wie man Wäsche im Fluss wäscht und auf die Bleiche legt, wie man Wasser aus dem Brunnen schöpft und Essen zubereitet. Sie musste auf dem Feld mitarbeiten, wenn der Vater viel zu tun hatte. Sie hat gar keine Zeit und nicht das Können, einen Erlöser, einen Befreier auf seine Tätigkeit vorzubereiten.

Die Hirten bleiben an einer Bank stehen und leuchten einen Mann mit ihrer Laterne an.

2. HIRTE: Würden Sie uns glauben, dass wir den Messias in einem Schuppen aufgespürt haben?

MANN *(erhebt sich, tritt vor sie hin):* Euch würde keiner auch nur irgendetwas glauben. Vergesst nicht, dass ihr in den Augen der frommen Leute Unreine seid, die die Gebote nicht einhalten und den Sabbat nicht ehren. Warum soll der Allmächtige gerade euch Hungerleider auserwählt haben, um euch die Ankunft seines Sohnes mitzuteilen? Das glaubt wirklich keiner. Wenn man euch nur für verrückt erklären würde, kämt ihr noch glimpflich davon.

Die Hirten gehen weiter.

1. HIRTE: Der Mann hat recht. Es kann noch schlimmer kommen. Der Hohepriester könnte uns vor ein Tribunal zerren und uns wegen Gotteslästerung anklagen. Man würde uns verurteilen und wir landeten unweigerlich im Gefängnis. Wir sind nur die Handlanger der hohen und reichen Herren, denen die Herden gehören, und wir zählen ohnehin nicht viel. Unsere Frauen und Kinder müssten hungern. Ich glaube, wir schweigen besser, denn glauben würde uns unsere Geschichte sowieso keiner.
(Er bleibt bei einer Frau stehen, die wieder am Rand einer Bank sitzt, und fragt sie:)
Es ist doch klug von uns, kein Sterbenswörtchen über diese Ereignisse zu verlieren?

Die Frau *(stellt sich vor die drei Hirten, wiegt ihren Kopf hin und her):* Ich weiß es nicht. Ich glaube nicht, dass der Messias in die Welt gekommen ist, um ein irdisches Reich zu schaffen, wie ihr gehofft habt. Schon die Geburt im Stall zeigt, dass er kein Herrscher im herkömmlichen Sinne sein möchte. Er will ein Reich in den Herzen der Menschen errichten.
Er ist geboren worden für die Armen und Kranken, für die Ausgestoßenen und Notleidenden, für Menschen wie euch. Darum haben die Engel auch euch ausgesucht und zuerst euch die frohe Botschaft von der Ankunft des Sohnes Gottes gebracht. Vielleicht seid ihr sogar die guten Hirten, zu denen er sich einmal zählen wird. Vielleicht seid ihr doch keine Verrückten.

Pfarrer *(steht am Lesepult):* Und wenn, dann seid ihr in bester Gesellschaft. Denn wenn einer sagt: »Liebt auch eure Feinde, tut Gutes denen, die euch hassen«, dann muss er doch verrückt sein. Wenn jemand in der schwersten Stunde seines Lebens, in der er verraten wurde und festgenommen wird, um unschuldig furchtbare Qualen zu erdulden, zu jemandem, der für ihn kämpfen will, sagt: »Steck das Schwert ein! Denn wer mit dem Schwert kämpft, wird durch das Schwert umkommen«, und sich lieber abführen lässt wie ein Lamm zur Schlachtbank, der muss doch verrückt sein.
Jemand, der am Kreuz hingerichtet wird und dort, seinen Tod vor Augen, noch für seine Peiniger betet und ihnen verzeiht, der ist doch nach unseren Vorstellungen total verrückt. *(Er macht eine kurze Pause.)* Oder er ist von einer unendlich großen Liebe zu seinen Nächsten, zu seinen Mitmenschen erfüllt. Dann ist er wirklich der Heilsbringer, das Licht der Welt.

(Er nimmt Kerzen aus dem bereitgestellten Korb, bittet die Hirten, den Mann und die Frau zu sich, zündet eine an. Jeder gibt die Flamme weiter an den Nachbarn / die Nachbarin und verteilt dann die Kerzen und das Licht im ganzen Kirchenraum.)
Lasst uns das Licht Gottes in die Welt tragen, seine Liebe leben.
(Er stimmt das Lied an:) »Tragt in die Welt nun ein Licht«

LIED: Tragt in die Welt nun ein Licht
(Der Pfarrer übernimmt jeweils den Solopart, die Gemeinde den Refrain. Es wäre wünschenswert, dass weitere Strophen, die einen geografischen oder sonstigen Bezug zur Gemeinde haben, hinzugefügt werden.)

Nicht aufgenommen

PERSONEN: Sprecher bzw. Sprecherin
Wirt
Maria
Josef
Vermieter
Mann
Frau

ZUM SPIEL: Eine besondere Kulisse ist nicht nötig; man sollte sogar darauf verzichten, um die Parallelität der Ereignisse herauszustellen. Aus diesem Grund ist speziell bei diesem Stück auch keine Verkleidung erforderlich.

HINWEISE ZUR INSZENIERUNG: Da Maria und Josef nicht kostümiert sind, wird schon in der äußeren Form deutlich gemacht: Das, was Maria und Josef widerfahren ist, wiederholt sich heute noch ständig. Dieser Gedanke könnte noch verstärkt werden, wenn Wirt und Vermieter ein und dieselbe Person sind.

1. SZENE

SPRECHERIN: Weil der Kaiser in Rom einen Überblick haben wollte, wie viele Menschen zu seinem Weltreich gehörten und wie hoch die steuerlichen Einnahmen sein müssten, gab er den Befehl, dass sich alle Untertanen in Listen einzutragen hatten. Jeder sollte dies in seiner Geburtsstadt machen. So zogen Maria und Josef von Nazaret in Galiläa hinauf nach Judäa in die Stadt Davids, die Betlehem heißt, aus der Josef stammte. Der Weg war beschwerlich und gefährlich. Das Paar erreichte Betlehem erst bei Einbruch der Dunkelheit.

Josef und Maria kommen und verweilen dann vor einer halb geöffneten Tür, in der ein Wirt steht.

JOSEF: Guten Abend!

WIRT: Guten Abend!

JOSEF: Wir sind müde von dem langen Weg und suchen ein Quartier für die Nacht. Bitte lassen Sie uns ein!

WIRT: Zu viele Menschen sind unterwegs. Meine Herberge ist belegt.

MARIA: Für zwei Personen wird doch noch Platz sein. Wir sind zufrieden mit dem bescheidensten Lager.

WIRT *(betrachtet Maria genauer):* Sie sind schwanger?

MARIA: Ja!

WIRT: Wann kommt das Kind?

MARIA: Ich erwarte die Geburt stündlich. Die ersten leichten Wehen haben schon eingesetzt.

WIRT: Es tut mir leid. Ich kann Sie nicht einlassen.

JOSEF: Bitte, Herr Wirt, um des Kindes willen, beweisen Sie Barmherzigkeit!

Wirt: Sie müssen mich verstehen, guter Mann, ich bin Wirt, ich mache Geschäfte. Und im Augenblick laufen sie gut. Der Befehl des Kaisers ist ein Segen für mich. Wenn in meiner Herberge ein Kind zur Welt käme, wäre das nicht gut für das Geschäft.

Josef: Warum? Wir sind ruhige und friedvolle Leute.

Wirt: Das glaube ich gern. Aber eine Geburt ist eine Geburt. Erst jammert die Frau, stöhnt und klagt. Das ist nun einmal so. Denn jedes Kind kommt nur unter Schmerzen der Mutter auf die Welt. Dann schreit das Baby. Das muss so sein, damit die eigene Atmung einsetzt.

Maria: Das wissen die anderen Gäste auch.

Wirt: Das wissen sie schon und doch stört sie das Schreien. Die meisten würden ausziehen und sich ein anderes Quartier suchen. Ich wäre der Dumme. Sie sehen, ich kann Ihnen nicht helfen.

Josef: Was sollen wir denn nur machen? Bei jedem anderen Wirt wird es uns ähnlich ergehen. Muss meine Frau das Kind auf der Straße zur Welt bringen?

Wirt: Sicher nicht. Ich bin kein Unmensch. Ich helfe Ihnen weiter. Vor der Stadt habe ich einen Stall für die Tiere und das Heu. Dort können Sie übernachten. Da kann Ihre Frau das Kind bekommen. Das Schreien stört keinen. Mein Sohn wird Ihnen den Weg zeigen.

2. SZENE

Der Sprecher / die Sprecherin tritt erneut vor das Mikrofon. Die Spieler und Spielerinnen setzen sich.

SPRECHERIN: Das war vor zweitausend Jahren. Auch heute sind viele Menschen unterwegs. Sie kommen vom Süden oder Osten zu uns. Sie kommen, weil sie hungern oder weil sie verfolgt werden, weil Gewalt und Misshandlungen sie vertreiben, weil ihre Häuser zerstört wurden. Sie suchen eine Bleibe, ein neues Zuhause. Sie – aber auch junge deutsche Paare – suchen Wohnungen. Diese sind knapp geworden, nicht nur in den Großstädten.

Wieder tritt ein Paar auf. Es können Kinder mit ausländischen Wurzeln sein.

PAAR: Guten Abend!

VERMIETER: Guten Abend!

MANN: Wir kommen wegen der Wohnung, die Sie in der Zeitung annonciert haben.

VERMIETER: Ich kann Ihnen die Wohnung nicht geben. Ich suche ein älteres Ehepaar.

FRAU: Warum ein älteres Paar? Wir sind ruhige und ordentliche Leute.

VERMIETER: Das glaube ich Ihnen gern. Aber Sie sind noch jung. Und Sie wünschen sich Kinder.

FRAU: Natürlich möchten wir ein oder zwei Kinder haben. Die Wohnung ist doch groß genug.

VERMIETER: Die Wohnung ist groß genug. Sie hat drei Schlafzimmer.

MANN: Dann geben Sie sie uns doch. Wir können den Mietpreis bezahlen. Ich habe einen sicheren Arbeitsplatz, ein gutes Auskommen.

VERMIETER: Alles schön und gut. Aber dies ist ein ruhiges Haus. Hier wohnen nur kinderlose Paare; die meisten sind ältere Leute. Wenn nachts Babys schreien, wenn Kinder im Treppenhaus lärmen, dann ist es vorbei mit der Ruhe.

FRAU: Eine Gesellschaft braucht Kinder.

VERMIETER: Ja, schon, aber viele Mieter würden sich nach einer anderen Wohnung umsehen, wenn es hier laut wird. Ich bin Geschäftsmann, mir sind die Hände gebunden. Ich kann Ihnen nicht helfen. Ich wünsche Ihnen bei der nächsten Wohnung mehr Glück. Auf Wiedersehen!

Er schlägt die Tür zu. Das Paar dreht sich zu den Zuschauern.

Der Sprecher / die Sprecherin tritt wieder vor das Mikrofon.

SPRECHERIN: Jesus ist auf die Welt gekommen, um uns Menschen ganz nahe zu sein, um uns Menschlichkeit zu lehren. Man hat ihn nicht aufgenommen – damals wie heute –, die Botschaft der Krippe nicht gelebt – damals wie heute.

Es liegt an mir

PERSONEN: Maria
Josef

ZUM SPIEL: Das Stück besteht nur aus einem Akt. Maria und Josef – möglichst ältere Jugendliche – treten in einfacher Kleidung auf, die der vor zweitausend Jahren ähneln sollte. Als Requisiten werden benötigt: eine einfache Holzkrippe, ein Strohballen, etwas loses Heu, ein Rucksack und eine Stalllaterne.

HINWEISE ZUR INSZENIERUNG: Man müsste Maria und Josef anmerken, dass sie müde und abgekämpft sind. Trotzdem kümmert sich der werdende Vater liebevoll um die Schlafstelle für sein zukünftiges Kind. Was in seiner Macht steht, will er dem Neugeborenen an Liebe geben. Das Gespräch von Maria und Josef darf nicht mit falschem Pathos geführt werden; vielmehr sollte man ihre Sorge um die Zukunft der Menschheit spüren.

Maria und Josef sind ärmlich gekleidet. Sie betreten den Altarraum, der im Dunkeln liegt. Josef stellt die wenigen Habseligkeiten ab, die sie haben.

MARIA: Die Dunkelheit ist erdrückend.

Josef kramt in dem Rucksack. Dann holt er eine Stalllaterne hervor und zündet den Docht an.

MARIA: Ein winziges Licht macht die Welt freundlicher. *(Nach einer Pause:)* Jetzt müssten wir noch etwas finden, wo hinein wir das Kind legen können.

Josef hält die Lampe höher und sieht sich um.

JOSEF: Dort in der Ecke steht eine Futterkrippe. Wenn ich sie mit Stroh auslege, hat unser Kind ein Bett.

Er holt die Krippe und stellt sie in die Mitte des Altarraumes.

MARIA: Ungemütlich ist es hier.

Josef bringt Maria einen Ballen Stroh.

JOSEF: Bitte setz dich und ruh dich aus!

Dann füllt er die Krippe mit Stroh und Heu aus.

MARIA: Der Engel, der mir die Geburt dieses Kindes angekündigt hat, sprach davon, dass man es Sohn Gottes nennen wird und dass seine Herrschaft nie enden wird. Wenn ich mir diesen bescheidenen Geburtsort ansehe, habe ich Zweifel an seinen Worten.
(Sie macht eine Pause.)
Ein König kommt zur Welt in einem Stall!?
(Sie lacht trocken.)
In einer Absteige muss ich mein Kind zur Welt bringen.
Glaubst du, Josef, dass es diesem Kind gelingen wird, die Menschen zu verändern? Ob es einmal eine Zeit gibt – in hundert oder zweihundert Jahren vielleicht –, in der man Obdachlose aufnimmt, in der man Geflüchteten ein Zuhause gibt, in der man sich um Hilfesuchende kümmert? Ob unser Sohn die Menschen das lehren wird?

Josef: Es wäre zu hoffen, Maria. *(Er legt weiter Stroh in die Krippe. Liebevoll erfüllt er diese Aufgabe.)*

Maria: Ich glaube, das Kind wird noch diese Nacht zur Welt kommen. Ich spüre die Wehen in immer kürzeren Abständen.

Josef schaut von seiner Arbeit auf, stützt sich auf den Rand der Krippe und sieht Maria an.

Josef: Warum mussten wir überhaupt eine so beschwerliche Reise antreten? Nur weil die Römer uns besiegt haben und uns jetzt unterdrücken? Damit sie genug Steuern bekommen, müssen sich alle Menschen auf solche beschwerlichen Märsche begeben. Nur deshalb sind wir diesen weiten Weg gegangen. Ob es wohl einmal eine Welt gibt, in der nicht mehr ein Volk das andere unterdrückt, eine Welt ohne Krieg, eine Welt, in der die Völker der Erde in Gleichheit und Brüderlichkeit friedlich zusammenleben?

Maria: Vielleicht sagt ihnen das unser Kind.

Josef reicht Maria ein Stückchen Brot, das er aus dem Gepäck gezogen hat.

Josef: Iss das, es ist unser letztes! Du musst dich stärken für die Geburt. Bitte!

Maria: Lass es uns teilen! Du hast auch noch nichts gegessen.

Josef *(wehrt ab)*: Du wirst heute viel Kraft brauchen. *(Er geht zu Maria und setzt sich neben sie.)*
Ob es eine Zeit geben wird, in der alle Menschen genug zu essen haben? Denk nur an die vielen Bettler, die uns auf dieser Reise begegnet sind und uns ihre spindeldürren Hände entge-

genstreckt haben, und an die hungernden Gesichter, in die wir schauen mussten. Ob mit unserem Kind die Zeit des geschwisterlichen Teilens kommen wird? Die Erde ist groß und bietet Nahrung für alle. Ob die Menschen diese einmal so verteilen, dass alle satt werden?

MARIA: Daran glaube ich ganz fest.

Maria zieht sich die Sandalen aus. Josef kniet nieder und massiert ihr die Füße.

MARIA: Weißt du, Josef, wir sind auch deshalb so müde, weil wir den großen Bogen um das Gebiet der Samariter machen mussten. Die sind ja unsere Feinde, weil es Unterschiede gibt zwischen ihrem Glauben und unserem. Ich frage mich, ob unser Sohn die Menschen lehren wird, andere nicht zu verachten wegen ihrer Überzeugungen oder ihres Glaubens. Ob die Menschen toleranter werden, allen gegenüber, auch gegen Hirten und Zöllner, gegen anders Aussehende und anders Denkende? Ob unser Sohn das schaffen wird?

JOSEF: Gott kommt in diese Welt, und er offenbart mit der Geburt seine Liebe zu den Menschen. Jetzt liegt es an uns, ob wir diese Liebe aufgreifen und sie in die Welt tragen. Es wird wohl an jedem Einzelnen liegen, ob die Welt sich ändert.

Das gestohlene Weihnachtsfest

PERSONEN: drei Diebe (Kinder)
zwei Frauen
zwei Männer
ein Junge
ein Mädchen
der Pfarrer

ZUM SPIEL: Eine besondere Kulisse ist nicht nötig. Es reicht die Krippe, die in der Weihnachtszeit ohnehin in jeder Kirche aufgestellt ist. Ihr gegenüber sollte ein Tisch mit einigen Stühlen stehen, ähnlich einem Konferenzzimmer. Bis auf die Diebe, die anfangs Masken tragen, ist kein Kostümieren nötig.

HINWEISE ZUR INSZENIERUNG: Das Stück kann auch nur von Kindern gespielt werden. Dann müssten sie entsprechend gekleidet sein, z. B. tritt der »Geschäftsmann« mit Anzug und Krawatte auf, die »alte Frau« hält einen Stock in der Hand und trägt ein Kopftuch usw. Wichtig ist der Einsatz des Lichtes. Mit dem Verlesen des Lukasevangeliums sollten weitere Lichter eingeschaltet werden, damit die Gemeinde die Botschaft auch sinnlich erfährt. Angebracht wäre es, wenn mit den Dieben auch die anderen MitspielerInnen zur Krippe kämen, vor der sie sich wie die Hirten von Betlehem versammeln; man kann auch Kinder der Gemeinde einladen, dazuzukommen.

1. SZENE

Drei Kinder betreten maskiert die verdunkelte Kirche. In den Händen hält jeder eine brennende Taschenlampe. Sie schleichen wie Diebe nach vorn zum Altarraum. Erst als sie der Krippe ziemlich nah sind, beginnt ihr Gespräch.

1. KIND: Jetzt müssen wir es aber auch machen.

2. KIND: Ob irgendjemand traurig sein wird?

3. KIND: Ich glaube nicht!

1. KIND: Manche werden es nicht einmal bemerken.

3. KIND: Die meisten werden froh sein, wenn der Stress mit Weihnachten wegfällt.

Das erste Kind geht zur Krippe, nimmt das Jesuskind heraus. Die anderen beiden spenden ihm Licht. Dann legen die drei ihre Masken ab, drehen sich zur Gemeinde, zeigen das Jesuskind. Sie leuchten abwechselnd mit den Taschenlampen in die Menge, dann auf das Kind.

1. KIND: Wir stehlen das Christkind. Wir befreien die Menschen von Weihnachten.

2. KIND: Die Menschen müssen sich nicht mehr mit Vorbereitungen abmühen.

3. KIND: Aus den Geschäften verschwindet der stressige Weihnachtsrummel.

2. Kind: Die Stadtväter sparen die Kosten für den Weihnachtsschmuck und die festliche Beleuchtung in den Straßen und auf den Plätzen. Ihre Kassen sind sowieso leer.

1. Kind: Das lästige Aussuchen der Geschenke fällt weg und die nachweihnachtliche Umtauschaktion außerdem.

3. Kind: Alle werden uns dankbar sein, besonders die Mütter. Sie brauchen sich nicht mehr für das Festessen abzurackern.

2. Kind: Und der gründliche Hausputz vor den Feiertagen für den Verwandtenbesuch entfällt.

1. Kind: Ich glaube, man wird uns auf Knien danken, dass wir den Mut haben, Weihnachten zu stehlen. Dann tritt endlich die Ruhe und Besinnlichkeit ein, von der sie immer geredet haben.

Sie gehen mit dem Kind zur gegenüberliegenden Seite. Dort setzen sie sich an den Tisch, auf dem ein paar Kerzen leuchten. Eine angemessene Pause wird mit besinnlicher Musik untermalt.

2. SZENE

Ein Geschäftsmann nähert sich den Dieben.

Geschäftsmann: Hört, ihr drei! Legt das Kind wieder in die Krippe! Gebt das Weihnachtsfest zurück! Ich brauche es. Ich besitze eine kleine Boutique mit fünf Angestellten. Das Weihnachtsgeschäft ist wichtig für mich. Wenn es entfällt, muss ich zwei meiner Verkäuferinnen entlassen. Ohne Weihnachten gibt es zwei Arbeitslose mehr.

Er streckt die Hände aus. Doch die Diebe halten das Kind fest.

Eine alte Frau kommt, während der Geschäftsmann sich neben die drei setzt.

ALTE FRAU: Rückt das Weihnachtsfest wieder heraus, bitte! Mein Sohn kümmert sich nur wenig um mich. Aber zu den Festtagen holt er mich immer. Dann feiern wir mit der ganzen Familie, Weihnachten ist ein Familienfest. Besonders freue ich mich auf die Enkelkinder, auf Mia und Ben.

Sie streckt bittend ihre Hände aus. Doch die Diebe geben das Kind nicht her. Sie setzt sich neben den Kaufmann. Eine Mutter kommt.

MUTTER: Ich stehe vor Weihnachten länger und häufiger in der Küche als sonst. Aber Plätzchenbacken im Kreis der Familie, mit meinem Mann und unseren drei Kindern möchte ich nicht missen. Den Gänsebraten zuzubereiten für den ersten Weihnachtstag erfüllt mich bei aller Arbeit mit stiller Freude. Lasst uns das Weihnachtsfest, bitte!

Die Diebe machen keine Anstalten, das Kind herauszugeben. Auch die Frau setzt sich zu den anderen. Ein Mann kommt.

MANN: Ich habe in der Weihnachtszeit viel Unruhe und Stress. Aber die leuchtenden Augen meiner beiden Kinder machen mir alles leicht. Wenn es die in der Weihnachtszeit nicht mehr gäbe, würde in meinem Leben etwas Entscheidendes fehlen. Lasst mir Weihnachten!

Zwei Kinder kommen, ein Junge und ein Mädchen.

Junge: Weihnachten ist besonders unser Fest. Schon die Vorweihnachtszeit ist schön. Wenn der Adventskranz aufgestellt wird, wenn die Lichter der Kerzen flackern …

Mädchen: Wenn wir Plätzchen backen, Nüsse knacken oder Geschenke aussuchen … Wenn wir den Wunschzettel ausfüllen.

Junge: Wenn wir Fensterschmuck basteln.

Mädchen: Wenn wir heimlich tuscheln.

Junge: Oder wenn wir vorzeitig ein Versteck entdecken.

Junge und Mädchen: Gebt uns unser Fest zurück!

Besinnliche Musik untermalt eine kleine Pause.

3. SZENE

1. Dieb: Sollen wir den Menschen das Weihnachtsfest wiedergeben?

2. Dieb: Ich weiß nicht.

3. Dieb: Viele sind vielleicht doch froh, wenn es abgeschafft bleibt.

Der Gemeindepfarrer tritt zu der Gruppe.

Pfarrer: Keiner könnte froh sein. Keiner! Denn ohne Weihnachten würde dieser Welt noch viel mehr fehlen als Lichterglanz und Kinderlachen. Die Welt wäre dunkel und kalt, weil die Botschaft von Gottes Liebe ihr fehlen würde. *(Kurze Pause; dann mit beschwörender Stimme:)* Die Welt wäre arm. Wir alle wären bettelarm.

Er verliest das Weihnachtsevangelium und beginnt mit dem Gottesdienst. Die Kirche wird dabei schrittweise erhellt. Die Diebe tragen das Kind wieder zur Krippe.

Angeklagt

PERSONEN: Richter bzw. Richterin
zwei Schöffen bzw. Schöffinnen
Angeklagter
Staatsanwalt bzw. Staatsanwältin
Kaufhausdirektor bzw. -direktorin
einige ZuhörerInnen

ZUM SPIEL: Die Kulisse sollte einem Gerichtssaal ähneln. In der Mitte steht der Tisch, an dem der Richter bzw. die Richterin mit schwarzer Robe sitzt. Rechts und links davon haben die Schöffen Platz genommen. Seitlich steht die Bank, auf der sich Staatsanwalt und Kaufhausdirektor befinden. Im Zeugenstand ist der Angeklagte. Ein paar Zuhörer sind in den Sitzreihen davor.

HINWEISE ZUR INSZENIERUNG: Das Theaterstück sollte so vorgetragen werden, dass bei den GottesdienstteilnehmerInnen durchaus der Eindruck einer ordentlichen Gerichtsverhandlung entsteht.
Für den Schluss sind zwei Varianten denkbar.
1. Das überraschende Ende bleibt kommentarlos stehen. Die ZuschauerInnen sollen sich selbst ihre Gedanken zu der Aussage machen.
2. In einer Gesprächsrunde können Gemeindemitglieder ihre Meinung zu dem Vorgetragenen sagen. Gut wäre es, wenn es dem Leiter bzw. der Leiterin gelänge, eine kontroverse Diskussion in Gang zu setzen.

RICHTERIN *(wendet sich dem Angeklagten zu):* Nennen Sie bitte Ihren Namen, Ihr Alter und Ihren Wohnsitz.

ANGEKLAGTER: Ich heiße Ludwig Lederer, ich bin 34 Jahre alt, wohnhaft in Neustadt, Brunnenweg 17.

RICHTERIN: Ihr Beruf?

ANGEKLAGTER: Ich bin Verkäufer im größten Kaufhaus dieser Stadt. Und das seit zwölf Jahren. *(Der Angeklagte macht eine Pause. Dann fährt er fort:)* Ich habe keine Vorstrafen, stehe nicht einmal in der Verkehrssünderkartei, bin verheiratet und Vater von zwei Kindern, Markus und Mona.

STAATSANWALTIN: Umso erstaunlicher ist Ihr unbeherrschtes Verhalten. Die Leitung des Kaufhauses wirft Ihnen Vandalismus vor.

ANGEKLAGTER: Ich fühle mich nicht schuldig.

RICHTERIN: Dazu kommen wir später.

DIREKTORIN: Nicht schuldig?! (*Er/sie erhebt sich wütend und stellt mit bebender Stimme fest:)* Sie fühlen sich nicht schuldig, wenn Sie wie ein Wahnsinniger durch unser Kaufhaus rennen und sämtliche Lautsprecher von den Wänden reißen?!

RICHTERIN: Stimmt das?

ANGEKLAGTER: Ja!

RICHTERIN: Aber wie können Sie dann sagen, Sie seien nicht schuldig, wenn Sie dem Geschäft einen solchen Schaden zufügen? Da würde kein vernünftiger Mensch sich für unschuldig erklären. Das kann man doch nicht mehr als groben Unfug bezeichnen!

StaatsanwaltIn: Das ist Zerstörung fremden Eigentums und geschäftsschädigendes Verhalten. Und das in der Vorweihnachtszeit, wenn gute Geschäfte abgewickelt werden müssen. Die Höhe des Schadens, den Sie angerichtet haben, werden wir noch detailliert darlegen.

Angeklagter: Und der Schaden, den man uns Verkäufern zufügt, davon spricht keiner!

DirektorIn: Welcher Schaden? Oder nennen Sie das einen Schaden, wenn wir Ihnen in dieser Zeit Ihr Gehalt mit einem stattlichen Weihnachtszuschlag aufbessern?

Angeklagter: Ich meine keinen materiellen Schaden, sondern einen, den man unseren Seelen zufügt.

RichterIn: Können Sie das erklären?

Angeklagter: Haben Sie schon einmal von morgens bis abends immer und immer wieder »Ihr Kinderlein kommet« oder »O du fröhliche«, »Leise rieselt der Schnee« oder »Kling, Glöckchen, klingelingeling« gehört? Haben Sie acht Stunden lang diese Musik auf sich eindröhnen lassen müssen?! Und nicht nur einen Tag lang! Nein, einen ganzen Monat! Klingelingeling macht's in beiden Ohren! Das treibt einen in den Wahnsinn. Das Wort Weihnachten kann man nicht mehr hören.

DirektorIn: Die schönsten deutschen Weihnachtslieder haben wir gespielt. Warum regt sich der Mann so auf?

Angeklagter: Weil ich die Freude an Weihnachten verloren habe. Ein Fest, das uns eigentlich sehr viel bedeuten sollte.

RichterIn: Es ist dennoch nicht Ihr Recht, anderer Menschen Hab und Gut zu zerstören.

StaatsanwaltIn: Ich werde die Höchststrafe für Sie beantragen.

Angeklagter: Ich sitze nicht allein auf dieser Anklagebank.

RichterIn: Nicht allein? Ich sehe aber sonst niemanden. Wer sitzt denn neben Ihnen?

Angeklagter: Jesus Christus!

RichterIn *(lacht):* Jesus von Nazaret?

Angeklagter: Als man aus einem Bethaus einen Rummelplatz machte, hat er eingegriffen, hat er mit der Rute die Krämer vertrieben. Er würde es heute wieder tun, wenn er erleben müsste, was man aus seinem Geburtstag gemacht hat.

Für ihn ist er geboren

PERSONEN: Frau
Mann
Mutter mit Kind
Junge
Mädchen
Fabrikant
weiterer Junge

ZUM SPIEL: Eine besondere Kulisse ist nicht nötig. Die gesamte weihnachtlich geschmückte Kirche ist Ort der Aufführung. Keine der Personen ist besonders gekleidet. Alle tragen das, was sie zu einem festlichen Weihnachtsgottesdienst ohnehin anziehen würden. Die Akteure sitzen in der ersten Reihe.

HINWEISE ZUR INSZENIERUNG: Dieses Spiel müsste am Anfang des Gottesdienstes stehen. Die Akteure beginnen ganz überraschend.

1. SZENE

Ein Mann betritt die schon gefüllte Kirche. Er setzt sich in die erste Reihe. Sein unmittelbarer Banknachbar und seine Nachbarin schauen ihn verwundert an, dann stehen sie nacheinander auf und verlassen ihren Platz. Nachdem sie ihre Anklagen vorgebracht haben, suchen sie sich einen anderen Platz weiter hinten in der Kirche.

Frau: Neben einem solchen Menschen bleibe ich nicht sitzen, auch nicht im Weihnachtsgottesdienst.

Mann: Es ist unfassbar, dass er sich überhaupt in die Kirche wagt.

Frau: Wenn man bedenkt, was er den Kindern angetan hat. Pfui!

Mutter: Mein Kind musste sogar zur Beobachtung im Krankenhaus bleiben. Es tat mir so leid, als ich abends die Kinderstation verließ und es mich mit großen Augen traurig angesehen hat. Es war das erste Mal, dass es allein schlafen musste.

Mädchen: Ich habe mit Rötungen einen Arzt aufgesucht, mir die ganze Haut zerkratzt, so furchtbar hat sie gejuckt.

Junge: Ich habe die ganze Nacht gehustet. Ich hatte solche Anfälle, dass ich dachte, ich ersticke.

Frau: Man müsste solchen Umweltsündern mit allen Mitteln das Handwerk legen.

Mann: Hinter Gitter gehören sie!

Mutter: Wie kann man nur Säure bedenkenlos in die Landschaft schütten!

Frau: Dieser Kerl kippt einfach seinen Dreck in die Kiesgrube. Er vergeht sich an Gottes Schöpfung und an seinen Mitmenschen.

Sie bleiben zunächst anklagend vor dem Mann stehen und suchen sich gemeinsam einen anderen Platz in der Kirche. In der ansonsten leeren Bank sitzt nur noch der Beschuldigte.

2. SZENE

Nach einiger Zeit erhebt sich der Fabrikant.

FABRIKANT: Ich wollte den Kindern nicht schaden.

MUTTER: Sie haben es aber, auch meinem. *(Sie zeigt auf das ihre.)*

FABRIKANT: Es war ein unglückliches Zusammentreffen, dass die Kinder am nächsten Tag diese Kiesgrube betreten haben.

JUNGE: Das sehe ich mit meinen Hustenanfällen nicht so.

MÄDCHEN: Und ich mit meiner zerkratzten Haut auch nicht.

FABRIKANT: Beim nächsten ordentlichen Regenschauer wäre von der Säure nichts mehr zu spüren gewesen.

Die Frau erhebt sich erregt, droht klagend mit dem Finger.

FRAU: Umweltsünder! Verdammter Umweltsünder! Und sich dann noch herausreden! Unmöglich!

Ein Junge steht auf, geht langsam zum Stall und nimmt das Kind aus der Krippe. Er trägt es auf seinem Arm durch die Kirche und setzt sich neben den Fabrikanten. Eine Weile sitzen sie schweigend dort, dann drückt er ihm das Jesuskind in die Hand. Danach erhebt er sich und sagt:

KIND: Jesus ist in die Welt gekommen, um zu retten, was verloren ist. Nicht die Gesunden brauchen den Arzt, sondern die Kranken. So hat sich Jesus auch zu den Zöllnern begeben: zu jenen, die von allen anderen verachtet wurden, weil sie mit den Römern zusammenarbeiteten und das eigene Volk aussaugten. Zu ihnen ist er gegangen, weil er auch für sie geboren wurde.

Diese Botschaft von Gottes Barmherzigkeit brachten die Engel zuerst den Hirten auf den Feldern – den Menschen, die in den Augen der anderen nichts galten, die man für unrein hielt. Jesus ist gekommen zu den Menschen, neben denen keiner sitzen will.

Das Kind nimmt den Mann an die Hand und geht mit ihm zur Krippe, in die sie das Kind zurücklegen.

Gott kommt zu uns

Personen: Wirt
1. Gast (männlich)
2. Gast (weiblich)
3. Gast (männlich)
4. Gast (weiblich)
5. Gast (männlich)
6. Gast (weiblich)
Hirte

Zum Spiel: Zur Kulisse gehören ein paar Tische, die eine einfache Gaststätte nachbilden. Der Wirt steht hinter der Theke. An zwei Tischen sitzen die Gäste. Wenn möglich, sollten sich an anderen Tischen noch weitere Besucher aufhalten; die hätten zwar weitgehend eine Statistenrolle, könnten aber die Aussagen der Akteure durch zustimmendes oder ablehnendes Gemurmel untermalen.

Hinweise zur Inszenierung: Nach dem Satz »Und nun muss die Frau bei den Schäfern, bei dem Gesindel – wie Sie sagen – ihr Kind bekommen« erlischt das Licht in der Kirche und feierliche Orgelmusik setzt ein. Das Stück soll so lang sein, dass die Menschen, die zum Gottesdienst gekommen sind, Muße zur Besinnung haben.
Nach der Orgelmusik wird nur der Altarraum beleuchtet. Eine Weile verharren die Akteure noch still auf ihren Plätzen. Dann stürmt der Hirte herein, der vorher abgeschoben wurde. Man muss ihm die überaus große Freude anmerken. Während des ganzen Spieles haben die Darsteller miteinander gesprochen wie

bei einer Theateraufführung. Zum Schluss aber, wenn der 6. Gast den Satz »Wenn Gott Mensch geworden ist ...« spricht, geht er auf die Gläubigen zu und bleibt in der Nähe der ersten Bankreihen stehen. Die drei letzten Sätze aber sagen der 4. und 5. Gast zur Gottesdienstgemeinde. Auch sie gehen dabei auf die Gläubigen zu. Danach erstrahlen wieder die Lichter in der Kirche, erstmals die am Weihnachtsbaum.

1. SZENE

WIRT: Raus! Raus! *(Er schiebt einen Hirten hinaus, der in der Sakristei verschwindet. Dann geht er zu seiner Theke und wischt sie ab.)* Das Gesindel kommt mir nicht in die Gaststube! Sie können sich ihren Krug Wein an der Tür abholen und draußen trinken.

1. GAST: Die meisten Hirten sind Abschaum. Meinen habe ich befohlen, jedem verstorbenen Tier ein Ohr abzuschneiden.

WIRT: Warum?

1. GAST: Warum? Sie verkaufen Tiere und sagen, sie wären an Krankheiten verreckt. Mit den abgeschnittenen Ohren sollen sie es mir beweisen.

2. GAST: Und den Schafen, die sie heimlich für sich selbst schlachten, schneiden sie auch die Ohren ab und zeigen sie vor.

1. GAST: Genau so machen sie es.

3. GAST: Sehr clever.

1. Gast: Die Brüder sind gerissen. Sie haben es faustdick hinter den Ohren. Jetzt behaupten sie häufiger, wilde Tiere hätten die Schafe gefressen. Darum konnten sie die Ohren nicht abschneiden.

3. Gast: Ein verlogenes Pack!

1. Gast: Wenn die Verluste über dem üblichen Maß liegen, werde ich ihnen meinen Schaden vom Lohn abziehen.

Wirt: Ich sage doch: Gesindel. Stehlen Schafe, halten die Gebote nicht ein. Gott hat keinen Gefallen an ihnen.

Ein weiterer Gast betritt das Wirtshaus. Er hängt Hut und Mantel an den Haken.

4. Gast: Guten Abend!

Alle *(murmelnd):* Guten Abend!

4. Gast: Einen Becher Wein bitte, Herr Wirt.

Der Wirt bringt den Becher an den Tisch.

4. Gast: Die Frau, die Sie vorhin abgewiesen haben, muss jetzt bei den Hirten draußen auf dem Feld ihr Kind bekommen.

Wirt: Was soll ich machen? Ich habe kein Zimmer mehr frei.

3. Gast: Das stimmt doch nicht! Der Raum neben uns ist noch frei.

Wirt *(lacht trocken):* Das hat seinen Grund. Ein Zimmer bleibt immer frei.

5. Gast: Warum denn? Die beiden hätten es dringend gebraucht, zumal die Frau kurz vor der Niederkunft stand.

Wirt: Ich weiß, ich weiß. Ein freies Zimmer ist auch ein geschäftlicher Verlust für mich. Aber dieses Zimmer wird mich noch einmal weltberühmt machen.

5. Gast: Wie das?

Wirt: Ich habe da so eine Ahnung. In diesem Zimmer wird sich einmal jemand aufhalten, von dem die ganze Welt sprechen wird.

6. Gast: Komische Ahnung, um dafür ein Zimmer frei zu lassen und eine werdende Mutter in die Nässe und Kälte zu schicken, damit sie ihr Kind im Freien bekommt.

Wirt: Für jeden Menschen gibt es die Stunde, wo er zu etwas Besonderem auserwählt wird. Dieses Zimmer ist meine Chance, und die kann ich nicht wegen eines armseligen Paares von Hungerleidern vertun.

4. Gast: Und nun muss die Frau bei den Schäfern, bei dem Gesindel – wie Sie sagen – ihr Kind bekommen.

Das Licht in der Kirche wird gelöscht. Orgelmusik erklingt. Nach dieser Pause wird nur der Altarraum mit den Akteuren beleuchtet.

2. SZENE

Der Hirte, aus der Sakristei kommend, stürmt herein.

HIRTE: Der Heiland ist geboren, der Messias, der Retter der Welt!

WIRT: Damit scherzt man nicht. Oder bist du betrunken?

HIRTE: Nein, wirklich! Die Engel haben uns das verkündet. Wir haben das Kind gefunden. Es liegt in einer Krippe in einem Stall.

1. GAST *(lacht):* Der Messias kommt auf die Welt in einem Stall. Lächerlich!

6. GAST *(ruft hinüber zum anderen Tisch):* Es muss das Paar gewesen sein, das hier angeklopft hat. Dann muss das Kind der Frau der Erlöser sein. Und Sie, Herr Wirt, haben ihn abgewiesen!

5. GAST: Vielleicht hatten Sie recht, dass Sie auserwählt waren, einen besonderen Gast zu haben. Diese Chance haben Sie verpasst. Sie waren auserwählt, Gott einzulassen.

WIRT *(mit abweisender Handbewegung):* Quatsch! Das kann gar nicht Gottes Sohn sein, der hier geboren wurde. Dann hätten die Engel doch Ihnen, den Gesetzestreuen und den Frommen, die Geburt verkündet. Warum den Hirten, die seine Gesetze nicht achten? Können Sie mir das erklären? Das ist doch unlogisch. Der Hirte fantasiert.

6. GAST *(steht auf und wendet sich zum Publikum):* Wenn Gott Mensch geworden ist, dann ist er auch Mensch geworden für

die Hirten und Zöllner, die Aussätzigen und Gebrechlichen, die Verzweifelten, die Verstoßenen und die Verachteten.

5. GAST *(geht auch zu den Kirchenbesuchern):* Dann ist er auch Mensch geworden für Ausländer, Arbeitslose und Asylsuchende.

4. GAST *(erhebt sich und stellt sich zu den anderen):* Dann bringt er allen seinen Frieden.

5. GAST: Und sein Licht kann in jedem Menschen leuchten.

Die ganze Kirche wird wieder erhellt.

Gottes Geist in unserer Mitte

PERSONEN: Mann
Mädchen
Junge
mehrere Personen als Statisten

ZUM SPIEL: Dies ist von der Kulisse her ein eher aufwändiges Krippenspiel. Auf einer großen Leinwand, die den Altarraum schon gut ausfüllen sollte, ist die Stadtansicht wiedergegeben, also der Ort dargestellt, in dem das Stück aufgeführt wird. Wichtige Gebäude müssen in der ganzen Kirche erkennbar sein. Davor steht die weihnachtliche Krippe, die von Statisten umgeben ist. Diese stehen für die genannten Personen und sind regional austauschbar. Ansonsten gleicht die Krippe denen, die mit Holz- oder Gipsfiguren überall in den Kirchen aufgestellt sind.

HINWEISE ZUR INSZENIERUNG: Der Einsatz des Lichtes ist bei dieser Aufführung von großer Bedeutung. Das Arbeiten mit einem Spotlicht oder mehreren wäre angebracht. Steht dies nicht zur Verfügung, kann der gezielte Einsatz von Taschenlampen einen ähnlichen Zweck erfüllen. Am Anfang ist die Kirche fast völlig dunkel. Das Scheinwerferlicht begleitet den Mann, der mit seinen Kindern die Kirche betritt. Das Spotlicht stellt auch einzeln die Hirten und dann Maria und Josef vor. Hierbei wäre der Einsatz verschiedener Taschenlampen mit gebündeltem Strahl sogar besser. Wenn der Vater sich mit seinen Kindern auf die obere Stufe des Altarraums setzt, erfasst das Licht wieder nur die drei Perso-

nen. Zum Schluss breitet sich das Kerzenlicht in der Kirche aus wie ein Flächenbrand.
Für die Lieder, die von der Gemeinde mitgesungen werden sollen, sollten Liederzettel vorbereitet werden.

1. SZENE

Ein Vater betritt mit Tochter und Sohn, die er an der Hand hält, die Kirche. Sie gehen schweigend durch den Mittelgang und bleiben vor der Krippe stehen, die angeleuchtet wird.

SOHN: Eine schöne Krippe. Die Hirten halten in ihren Händen Geschenke, die sie dem Sohn Gottes bringen.

TOCHTER: Die meisten beten den Neugeborenen an, der Gottes Liebe in die Welt bringt.

VATER: Dieses Kind ist der Beweis, dass Gott nicht an den Menschen verzweifelt. *(Er stimmt das Lied »Hört der Engel helle Lieder« an. Die Gemeinde singt mit.)*

LIED: Hört der Engel helle Lieder klingen weit das Feld entlang, und die Berge hallen wider von des Himmels Lobgesang. Gloria in excelsis Deo …

2. SZENE

Das Mädchen nähert sich den »Hirten«. Es bleibt vor einem stehen und betrachtet ihn genauer.

TOCHTER: Dieser Hirte sieht genauso aus wie Roman. *(Pause)* Roman ist unser Klassensprecher.

Sohn: Und dieser Hirte gleicht Leon, einem Jungen aus meinem Fußballverein.

Tochter: Hier kniet unser Hausmeister!

Sohn: Hier unser Klassenlehrer!

Vater: Dieser hier ist mein Chef. *(Er zeigt auf weitere.)* Das ist unsere Nachbarin. Das ist der Beamte vom Finanzamt. Dort steht unser Schornsteinfeger! Dort unser Zeitungsbote! Sogar unsere Bürgermeisterin hat sich eingefunden.

Tochter *(wendet sich Maria und Josef zu):* Maria ist die freundliche Verkäuferin aus der Fleischabteilung im Supermarkt und Josef der Mann von der Müllabfuhr.

Pause. Die Lichter stellen noch einmal die einzelnen Personen vor. Dann wandert gestreutes Licht zum Hintergrund.

Sohn *(geht auf das Bild zu):* Das ist unser Rathaus. Alle Einrichtungen und Gebäude sind von unserer Stadt: der Turm, der Marktplatz mit dem alten Brunnen, der Park, die Brücke, der Bahnhofsvorplatz *(dies wird jeweils an die örtlichen Gegebenheiten angepasst).*

Mit gebündeltem Licht werden die einzelnen Sehenswürdigkeiten vorgestellt.

Der Vater stimmt das Lied »Unser Leben sei ein Fest« an und wiederum singt die Gemeinde mit.

Lied: Unser Leben sei ein Fest, Jesu Geist in unserer Mitte …

3. SZENE

Der Vater hat sich inzwischen mit seinen beiden Kindern auf die obere Stufe des Altarraumes gesetzt. Er legt die Arme um seine Kinder. Als das Lied verklungen ist, sagt er:

VATER: Gott ist Mensch geworden. Nicht nur in Betlehem, sondern in der ganzen Welt, auch in unserer Stadt. Sein Sohn bringt Licht in eine dunkle Welt. Auch noch heute!

Die »Hirten« holen aus ihren Taschen Lichter hervor und tragen sie in die Gemeinde. Alle Gläubigen halten zum Schlusslied eine brennende Kerze in der Hand.

LIED: Tragt in die Welt nun ein Licht … *(Bei diesem Lied können leicht weitere Strophen, die einen geografischen oder sonstigen Bezug zur Gemeinde haben, hinzugefügt werden.)*

Herbergssuche

PERSONEN: Maria
Josef
1. Wirt
2. Wirt
Junge, der die Rolle des 2. Wirts übernimmt
Mädchen, das dessen Frau spielt
Geistlicher
vier Kinder, die die beiden Wirtshäuser darstellen
drei bis vier Kinder, die wahre Erlebnisse erzählen

ZUM SPIEL: Eine besondere Kulisse ist nicht nötig. Maria kann ein dickes Gewand tragen, Josef einen winterlichen Mantel; die Wirte binden sich Schürzen um und legen Tücher über die Arme. Jeweils zwei Kinder halten sich an den Händen. Sie bilden so die Wirtshäuser. Sie können auf der Brust und dem Rücken Pappen tragen, auf die Ziegelsteine gemalt sind.
Der Junge, der die Rolle des 2. Wirts übernimmt, wie das Mädchen, das seine Frau darstellt, sind ganz normal gekleidet. Sie dürfen – um die Überraschung nicht zu nehmen – unter den Gläubigen auf keinen Fall vorher auffallen.

HINWEISE ZUR INSZENIERUNG: Der Priester trägt seine normalen Gewänder, so wie er sie auch ohne Krippenspiel zum Weihnachtsgottesdienst anhaben würde. Es ist unbedingt erforderlich, dass diese Rolle der Pfarrer der Gemeinde übernimmt. Träte eine andere Person auf, würde sie zu schnell als »Schauspieler« entlarvt werden. Unterbricht der Junge aber den eigenen Pfarrer, ist für die Gläubigen im ersten Augenblick das Entsetzen groß. Zumal für die Kirchenbesucher mit dem Satz »Wir danken den Kindern für dies weihnachtliche Krippenspiel« das Stück auch wirklich beendet scheint.

Der Satz »Nein, nein, kein weihnachtliches Krippenspiel« muss laut durch die Kirche hallen. Dabei sollte der Junge mit abweisenden Gesten durch den Mittelgang nach vorn kommen.

Am Schluss werden die persönlichen Erlebnisse so vorgetragen, als würde man sich spontan äußern. Sie werden nicht kommentiert, sie sprechen für sich.

Maria und Josef nähern sich vom Seitengang her dem Altarraum.

MARIA: Josef, ich bin so müde. Die Füße schmerzen von dem weiten Weg. Seit Stunden sind wir heute schon unterwegs.

JOSEF: Wir haben es bald geschafft, Maria. Sieh dort in der Ferne die Lichter. Das muss Betlehem sein.

MARIA: Dazu kommt, ich bin so durstig und hungrig. Seit heute Morgen haben wir nichts mehr gegessen.

JOSEF: Wir werden bald in einer Herberge einkehren. Dort gibt es zu essen und zu trinken und ein Bett zum Ausruhen. In dem kannst du unser Kind zur Welt bringen.

MARIA: Hoffentlich ist es nicht mehr weit.

JOSEF: Stütz dich nur fest auf mich! Zusammen werden wir es schaffen.

Maria und Josef betreten den Altarraum. Sie bleiben vor der ersten Herberge stehen.

Josef: Hallo, Herr Wirt!

1. Wirt *(gut gelaunt)*: Guten Abend, ihr lieben Leute. Wer zu so später Stunde kommt, braucht ein Quartier.

Er verneigt sich und fordert Maria und Josef mit einer einladenden Geste auf, einzutreten. Als sie näherkommen, versperrt der Wirt ihnen plötzlich den Weg.

1. Wirt: Ich sehe, die Frau bekommt ein Kind. Das erste?

Maria *(nickt)*: Ja, das erste!

1. Wirt: Wie schön! Ich selbst habe fünf Kinder. Kinder sind doch ein Geschenk Gottes, sage ich immer zu meiner Frau. Wann kommt es denn?

Josef: Wir denken, diese Nacht noch.

Maria: Ich spüre schon die ersten Wehen.

1. Wirt: Wie schön! *(Er stützt die Hände in die Hüften und versperrt nun mit ausgebreiteten Ellbogen den Eingang völlig.)* Leider kann ich euch nicht behilflich sein. Mein Haus ist bis unter das Dach voll. Ich wünsche euch bei einer anderen Herberge mehr Glück.

Maria und Josef gehen weiter und bleiben vor dem nächsten Gasthaus stehen.

Josef: Guten Abend, Herr Wirt. Wir brauchen dringend eine Bleibe.

2. Wirt: Guten Abend, das sieht schlecht aus. Zu viele Leute sind wegen der Volkszählung unterwegs. Alle Betten sind belegt.

JOSEF: Habt Erbarmen, guter Mann. Ihr seht doch, meine Frau bekommt ein Kind. Soll das Baby auf der Straße geboren werden, in Nässe und Kälte, bei Sturm und Wind?

2. WIRT *(energisch):* Ich sagte doch, es ist kein Zimmer mehr frei. Versucht es woanders!

JOSEF: Wir haben schon in einer anderen Herberge nachgefragt. Auch der Wirt hat uns abgewiesen. Ihr seid unsere letzte Hoffnung.

MARIA: Helft uns, bitte!

2. WIRT *(stampft mit dem Fuß fest auf den Boden):* Ich kann euch nicht helfen, und damit basta!

Der Geistliche tritt ans Lesepult.

PRIESTER: Wir danken den Kindern für dies weihnachtliche Krippenspiel.

Ein Junge unterbricht die Rede des Geistlichen. Während seines Einwandes geht er gestikulierend und abwinkend durch den Mittelgang Richtung Altarraum. Er führt sich so auf, dass die Gläubigen schockiert sind, zumal sie nicht wissen, dass er zu diesem Stück gehört.

JUNGE *(laut protestierend):* Nein, kein weihnachtliches Krippenspiel. Ganz und gar nicht! Wo war das denn weihnachtlich?

Der Junge kommt zum Altarraum und wiederholt sich.

JUNGE: Nein, nein, kein weihnachtliches Krippenspiel!

1. Wirt: Hat dir unser Spiel nicht gefallen?

Junge: Euer Spiel war schön. Ihr habt fleißig geprobt. Nur war das Stück nicht weihnachtlich.

Die Akteure schicken sich an, den Altarraum zu verlassen.

Junge: Halt! Bleibt bitte! Wir wollen das Stück noch einmal spielen. Aber jetzt – wenn ihr es mir erlaubt – bin *ich* der zweite Wirt.

Alle *(murmelnd)*: Okay!

Alle Akteure stellen sich wieder auf wie am Anfang. Nur der (ursprüngliche) 2. Wirt setzt sich zu den Gläubigen. Auch der Geistliche geht auf seinen Platz zurück. Der »rebellische« Junge bezieht Stellung im letzten »Gasthaus« mit einem Mädchen, das er aus der ersten Reihe holt. Das Stück wird nun wortwörtlich wiederholt. Bis: »Soll das Baby auf der Straße geboren werden, in Nässe und Kälte, bei Sturm und Wind?«

Junge: Frau, diese beiden brauchen unsere Hilfe. Dringend! Sie sind in Not, in großer Not. Sollen wir ihnen unsere Betten geben, damit die werdende Mutter ihr Kind menschenwürdig zur Welt bringen kann?

Mädchen: Klar, Mann. Ich beziehe die Betten neu. Gib du ihnen etwas zu essen und zu trinken. Sie werden Hunger und Durst von dem langen Marsch haben.

Junge: Tretet ein und seid unsere Gäste. *(Er wendet sich nun zum Geistlichen:) Das* war ein weihnachtliches Krippenspiel.

Der Geistliche tritt ans Mikrofon.

GEISTLICHER: Das war wirklich ein weihnachtliches Krippenspiel. Das habt ihr gut gemacht. Setzt euch, bitte!

Die Kinder nehmen Platz.

GEISTLICHER: Ich habe verstanden, was der neue Wirt uns sagen will. Er hat den Schluss verändert. Schön verändert. Er erkannte die Not des jungen Paares. Er verschloss sein Herz nicht wie die anderen. Er wandte sich den Hilfesuchenden zu. Er handelte völlig selbstlos. Denn in dieser Nacht schlief der Wirt mit seiner Frau in seinem eigenen Haus irgendwo auf dem Fußboden. Aber er hat denen geholfen, die in Not geraten waren, die der Hilfe bedurften. Er hat die Botschaft der Weihnacht verstanden. Gott ist auf die Welt gekommen, weil er uns seine Liebe zeigen wollte. Dieses Kind hat uns Menschen so geliebt, dass es für uns am Kreuz gestorben ist. Gott will, dass wir diese Liebe auch zueinander haben. Dass wir einander helfen, einander annehmen.

Jetzt treten Kinder einzeln vor, so als kämen sie ganz spontan nach vorn, und berichten über positive Erlebnisse, über Situationen, in denen andere ihnen geholfen haben. Etwa so:

EINE SYRERIN:

Ich heiße Samira. Als ich vor zwei Jahren nach Deutschland gekommen bin, konnte ich nur »ja«, »nein« und »verstehe nix« sagen. Ich musste gleich in eine deutsche Schule und bekam sofort Hausaufgaben auf. Aber ich konnte sie nicht machen. Ich wollte sie aber erledigen. In Syrien habe ich meine Hausaufgaben auch immer gemacht. Ich bin zu unserer Nachbarin gegangen und sie hat mir geholfen. An diesem Nachmittag und noch an vielen weiteren! Meine Klassenkameraden haben mir auch geholfen. So gut, dass ich euch das heute selbst erzählen kann.

Ein Mädchen:

Ich wohne in der Südstraße und wollte meine Freundin Anna in der Hansaallee besuchen. Dazu musste ich durch den engen Amselweg gehen. Dort stand Markus, ein böser Junge, der immer alle Kinder ärgert, besonders Mädchen. Ich traute mich nicht, an ihm vorbeizugehen. Ich zitterte am ganzen Leib. Plötzlich nahm mich eine Frau an die Hand und führte mich an Markus vorbei. Als sie mich wieder losließ, warf sie mir einen Blick mit einem zugekniffenen Auge zu.

Zwei Freunde:

Felix: Das ist Max.

Max: Und das ist Felix. Wir sind Freunde.

Felix: Das war nicht immer so. Einmal hatten wir einen großen Streit wegen eines Spielzeugs. Ich bin aufgestanden und habe zu Max gesagt: »Du kannst mich mal!« Dann habe ich wütend seine Kinderzimmertür zugeworfen und bin nach Hause gegangen. In der Schule habe ich kein Wort mehr mit ihm gesprochen.

Max: Ich habe ihn auch nicht mehr angesehen. Ich habe einen Bogen um ihn gemacht.

Felix: Als mich meine Mutter Tage später mit dem Auto zur Schule brachte, hielt sie plötzlich an, um Max einsteigen zu lassen. Ich war froh, dass sie uns aus unserem Schneckenhaus herausgeholfen hat.

Max: Ich bin auch gleich eingestiegen.

Jesus – mein Bruder

PERSONEN: sechs Hirten
vier Kinder
Mann
Frau
Sprecher bzw. Sprecherin

ZUM SPIEL: Eine weihnachtliche Krippe ist aufgestellt. Als Requisiten werden benötigt: eine Kerze, eine Decke, ein Knäuel Wolle, ein Holzscheit, ein Glas Sanddorn, ein Glas Milch, ein MP3-Player, ein Lesebuch, ein Ball, ein Brief, einige Papiere und eine Röntgenaufnahme.

HINWEISE ZUR INSZENIERUNG: Das Kind mit dem MP3-Player sollte ohne Pause, also übergangslos nach der Überreichung der Geschenke durch die Hirten, vortreten. Es kann, ohne ein Wort zu sagen, mit seiner Discomusik gemächlich durch die Kirche schreiten. Die anderen Mitwirkenden folgen ihm aus dem Kirchenraum. Ihre Beiträge sollten spontan wirken.
Alle, die Hirten und die Kinder, verlassen die Krippe erst nach den letzten Worten des Sprechers / der Sprecherin.

SPRECHERIN: Gott liebt uns Menschen so sehr, dass er seinen einzigen Sohn auf die Erde schickte, der uns Retter werden sollte. In der Nacht seiner Geburt verkündete der Engel den Hirten auf den Feldern diese Liebe Gottes.

Besinnliche Musik wird gespielt.

Die Hirten kommen nacheinander zur Krippe, legen ihre Gaben nieder und bleiben dort, teils kniend, teils stehend.

1. Hirte: Ich bringe dem Kind ein Licht, damit es sich in der Finsternis nicht fürchten muss.

2. Hirte: Ich überlasse dem Kind eine Decke, auf die die Eltern es legen können.

3. Hirte: Ich gebe dem Kind ein Knäuel Wolle, damit seine Mutter ihm ein Jäckchen stricken kann.

4. Hirte: Ich schenke dem Kind Brennholz, damit der Vater ihm ein Feuer machen kann, das es wärmen soll.

5. Hirte: Ich biete dem Kind ein Glas mit Sanddorn an, der es nähren soll.

6. Hirte: Ich reiche dem Kind einen Becher Milch, damit es seinen Durst löschen kann.

Plötzlich hört man Discomusik. Aus dem hinteren Teil der Kirche kommt ein Kind, das in der Hand einen MP3-Player hält, aus dem beschwingte Musik ertönt. Das Kind geht nach vorn, legt das Gerät neben die Krippe und stellt die Musik ab.

1. Kind: Ich bringe dem Kind einen MP3-Player, damit es sich an der Musik erfreuen kann. *(Nach einer Pause* bückt sich das Kind und hebt das Gerät wieder auf.*)* Ich kann ihn nicht bei diesem Kind lassen. Ich habe ihn nicht rechtmäßig erworben.

SprecherIn: Lass ihn liegen! Bitte!

Das Kind legt ihn wieder hin und kniet sich zu den Hirten.

Ein kleines Kind kommt nach vorn. Es hält in der Hand ein Rechenbuch und legt es nieder.

2. KIND: Wenn das so ist, bringe ich dem Kind mein Rechenbuch. Ich kann so viele Aufgaben nicht lösen. Die anderen Kinder in meiner Klasse schaffen das, manche sogar spielend.

Ein anderes Kind erhebt sich aus dem Kirchenraum.

3. KIND: Ich bringe dem Kind unser Kündigungsschreiben. Wir müssen unsere Wohnung räumen und haben noch keine neue.

Es legt ein Stück Papier neben die Krippe.

Eine Frau hat ein Röntgenbild in der Hand.

FRAU: Ich bringe dem Kind meinen ärztlichen Befund. Ich habe Krebs.

Ein Mann steht auf.

MANN: Ich bringe dem Kind meine Entlassungspapiere. Ich bin jetzt arbeitslos und weiß nicht, was ich meiner Familie noch bieten kann.

Jetzt kommt ein Kind, das einen Ball zur Krippe trägt.

4. KIND: Ich wohne in einem Hochhaus in der Stadt. Alle Kinder dort kennen keinen Platz, wo wir mit dem Ball spielen können. An einem Samstagmorgen haben wir in zwei Parkuhren Geld gesteckt, damit wir dort eine Stunde spielen konnten. Ohne auf uns Rücksicht zu nehmen, haben zwei Autos den von uns gemieteten Platz zugeparkt.

Sprecherin: Mit seiner Geburt ist uns Jesus zum Bruder geworden. Er hat selbst unsagbares Unrecht ertragen, unglaubliche Schmerzen erduldet. Wer so viel Leid erfahren musste, versteht die Sorgen und Nöte der anderen. Darum dürfen wir hoffnungsvoll unseren Kummer in die Krippe legen. Das neugeborene Kind hilft uns, ihn zu tragen.

Beginn eines Weihnachtsgottesdienstes

Die Kirche ist so weit wie möglich abgedunkelt. Ein Kind nach dem anderen kommt aus der Sakristei und tritt mit einer brennenden Kerze ans Mikrofon. Sie reihen sich nebeneinander auf. Jedes Kind spricht in der Muttersprache, zum Beispiel:

ITALIENISCHES KIND: Oggi è nato il nostro salvatore. Dio è venuto nel mondo. Lui è diventato nostro fratello. Lui ci porta la sua pace e ci regala il suo amore, che noi dobbiamo portare nel mondo.

SPANISCHES KIND: Hoy ha nacido nuestro Salvador. Dios ha venido al mundo. Se ha hecho nuestro hermano. Nos trae su amor, que debemos llevar al mundo.

PORTUGIESISCHES KIND: Hoje nasceu o nosso Salvador. Deus veio ao mundo. Tornou-se nosso irmão. Ele traz-nos a paz e oferece-nos o seu amor, que nós devemos levar ao mundo.

POLNISCHES KIND: Dziś narodził się nam Zbawiciel. Bóg przyszedł na świat. Stał się naszym bratem. Przyniósł nam swój pokój i dał nam swą miłość. Powinniśmy nieść je na cały świat.

FRANZÖSISCHES KIND: Aujourd'hui, le Sauveur est né pour nous. Dieu est venu dans notre monde. Il est devenu notre frère. Il nous apporte sa paix et il nous donne son amour. Nous devons porter les deux dans le monde.

Englisches Kind: Today our Saviour has been born to us. God has come into the world. He has become our brother. He brings his peace to us and gives us his love. We are to take his peace and his love into the world.

Deutsches Kind: Die Kinder haben in ihrer Muttersprache gesagt: Heute ist uns der Retter geboren. Gott ist in die Welt gekommen. Er ist unser Bruder geworden. Er bringt uns seinen Frieden und schenkt uns seine Liebe. Sie sollen wir in die Welt tragen.

Die Kinder gehen zu einem Farbtopf, bestreichen ihre Hände und drücken diese auf ein weißes Laken. Kinderhand neben Kinderhand wird sichtbar, die alle einander gleichen. Die Kinder dürfen ihre Hände mehrfach abbilden. Es können auch andere Kinder aus der Gemeinde mitmachen. Sie stellen sich danach rechts und links vom Geistlichen auf, der jetzt den Gottesdienst beginnt.

Pfarrer: Die Kinder wollten uns sagen: Gott ist Mensch geworden in Betlehem, bei uns in *(Namen der Stadt oder Gemeinde einsetzen),* in Deutschland, in ganz Europa, überall auf der Welt. Er soll aber auch *in uns* Mensch werden, in unseren Herzen geboren werden.